Die Stadtgeschichte

Aus der Nuwenburg der Ekkehardinger entstand später der Stadtname Naumburg.

Die Ekkehardinger waren die Markgrafen von Meißen. Der Stammsitz der Ekkehardinger war der Ort Gene, unweit von Naumburg gelegen. In Gene gab es eine Burg, die als zeitweiliger Wohnsitz der Ekkehardinger auch zum Schutz der Kaufleute und der Handwerker erbaut worden war.

Dieser Befestigung Gene wurde die 'Nuwenburg' nachgebaut. Um die 'Nuwenburg' siedelten sich Handwerker, Händler, Kaufleute, Diener und Knechte an.

Ein Bischof Kadaloh sicherte den Ansiedlern das Handelsrecht und den Grundbesitz zu. Neben der Burg entstanden zwei Klöster. Eine erste Naumburger Kirche wurde schon im Jahre 1050 geweiht.

Im Schutze der Burg entstand die Stadt. Besonders wichtig für die Stadtgründung war das Entstehen eines Marktes. In einer Urkunde wird Naumburg im Jahr 1030 erstmals Civitas Nuenbure genannt.

Im Jahre 1278 bauten die Naumburger Bürger einen mehrfachen Mauerring um ihre Stadt. Sie wählten aus ihrer Mitte die Ratsherren. Die Symbole der Stadt sind Schlüssel und Schwert. Die Peter-Pauls-Messe machte die Stadt Naumburg in ganz Deutschland und darüber hinaus bekannt. Zu Reichtum kam die Stadt durch den Handel mit Salz, Pelzen, Wein und Tuchstoffen.

Im Jahre 1432 soll die Stadt von den Hussiten belagert worden sein. Das ist eine Sage. Das Kirschfest wurde erst im Jahre 1526 gefeiert.

Es gibt bedeutende Bauten in der Stadt Naumburg. Dazu gehören besonders das Rathaus, die Wenzelskirche und der Naumburger Dom. Der Dom ist das Wahrzeichen der Stadt. Im Dom stehen die 12 Stifterfiguren. Weltbekannt sind Ekkehard und Uta, Herrmann und Reglindis.

Naumburg wurde über 500 Jahre von Bischöfen regiert. Die Beziehung zum Kloster Pforte war eng. Martin Luther, der große Reformator, hielt sich zweimal in Naumburg auf. Im Dreißigjährigen Krieg wurde die Stadt fast zerstört.

Nach dem Wiener Kongreß, der im Jahre 1814/15 stattfand, wurde Naumburg preußisch. In Naumburg wurde das Oberlandesgericht der Provinz Sachsen eingerichtet. Im Jahre 1846 wurde Naumburg an eine Eisenbahnlinie angeschlossen. Dadurch veränderte sich Naumburg nicht, anders als andere Städte, in denen große Industriebetriebe entstanden. Die Altstadt blieb den Naumburgern in ihrer Schönheit erhalten. Die Altstadt ist ein großes Denkmal und Baukunstwerk.

Reinhardt O. Hahn

Hussiten in Naumburg

Illustrationen von Klaus Sängerlaub

Reihe
Sternboot
Projekte-Verlag 188

Das Rathausportal

„Ich kann mir nicht vorstellen, dass der Bürgermeister für das bunte Rathausportal gewesen sein soll", sagte der Naumburger. Er trug einen grellgelb bedruckten Plastebeutel. Sein blauer Hut saß schief auf dem Kopf. Weitere Worte schienen ihm zu fehlen. Um so mehr sprach die Dame, die mit ihm vor dem Café „Prokop" stand.
„Ich werde es Ihnen sagen, mein Herr, die Amtsleute im Rathaus, die lassen sich nichts sagen. Es ist wie früher. Nur, früher war alles grau und heute ist alles abscheulich bunt. Diese Farben – igitt, fürchterlich. Die Künstler haben Schuld. Sie sitzen den ganzen Tag im Café und trinken Mocca. Sie machen was sie wollen, die Herren Künstler", erwiderte sie.
Aus ihrem grauen Gesicht ragte die Nase rot und spitz hervor. „Die Herren Künstler", rief sie abermals. Sie sagte noch Dieses und Jenes über das Rathausportal. Nicht ein Wort klang besser als das andere. Eben kam eine Schülergruppe vom Markt. „Habt ihr das Portal aufgenommen? Wunderbar – was?", stellte ein Bursche fest. Ein Mädchen antwortete: „Zwölf Fotos habe ich von dem hübschen Portal und dem Rathaus gemacht."
Sie sprach so laut und begeistert, dass Simon und Marie jedes Wort verstehen konnten.
Simon und Marie, die waren zwei der Schattenrisse an der Wand über dem Café „Prokop".
„Hörst du, Marie. Zwölf Bilder hat sie vom Rathaus geknipst", wisperte Simon.

„Genauso viele hätte sie von uns aufnehmen können. Mit Herrn Prokops Gefolge natürlich", flüsterte Marie. Beide sprachen sie sehr leise.
Was sollten die Menschen im Café und auf der Straße denken, hörten sie die Schatten reden?

Die tapferen Naumburger

Damals – vor vielen Jahren, als die Schatten auf die Wand gemalt worden waren, da raunten und tuschelten sie den ganzen Tag. Nicht nur die Leute, nein, auch Bilder und Plastiken sind schwatzhaft – man muss nur genau zuhören. Ständig gab es Neues und Entdeckenswertes in der Marienstraße zu sehen. Hier gingen und kamen die Naumburger vom Markt. Doch so nach und nach verstummten die Schatten.
Bald gab es für die Figuren an der Wand über dem Café „Prokop" keine Farbe mehr, und unten im Café verkaufte man kleine Brötchen und flache Kuchenstücke. Das führte zu einer Revolution. Auf dem Marktplatz versammelten sich Tau-

sende Naumburger. Sie riefen: „Wir sind das Volk!" Das war doch klar. Das hatten die Menschen nur vergessen. So sind eben die Leute. Die Bürger nahmen ihr Schicksal für eine kurze Zeit in die eigenen Hände, darauf hoffend, dass sich eine neue Zeit im Rathaus und in den Ämtern einstellen wird. Die Naumburger waren schon immer tapfere Leute.

Ein Beispiel ohnegleichen ist die Belagerung der Stadt durch die Hussiten unter Prokop. Es gibt eine Sage darüber, die jeder Naumburger kennt. Zum Gedächtnis sei sie hier für die Besucher der Stadt nacherzählt.

Das Hussiten-Kirschfest

Die Überlieferung führt den Ursprung des Hussiten-Kirschfestes auf die sagenhafte Belagerung Naumburgs durch die Hussiten unter ihrem Heerführer Prokop im Jahre 1432 zurück. Danach soll Prokop geschworen haben, die reiche Messe- und Handelsstadt in Schutt und Asche zu legen, weil ihr Bischof Gerhard von Goch auf dem Konzil zu Konstanz für den Tod des böhmischen Reformators Jan Hus gestimmt haben soll. Auf Bitten der Kinder, die mit ihrem Lehrer zum Lager der Hussiten hinauszogen, sei es gelungen, Prokops Sinn umzustimmen und ihn zum Abzug zu bewegen. Zuvor aber habe er die Kinder freundlich aufgenommen und sie mit den gerade reifenden Kirschen reichlich beschenken lassen. Den Kindern zum Dank und der Stadt zum dauernden Gedächtnis sei daraufhin das Kirschfest eingerichtet worden, das alljährlich in den Tagen der Kirschreife gefeiert wird.

Der Streit der Schatten

Dieses und Jenes war in der langen, stolzen Geschichte der Naumburger geschehen. Eines Tages wurden die Schatten von einer Künstlerhand an die Wand gemalt. Anfangs redeten sie. Die Schatten verstummten so nach und nach, doch heute kam es anders. Wer hätte das gedacht. Das Rathausportal trug seit längerem einen freudigen Anstrich, der aber nur den geteilten Beifall aller Naumburger fand, obwohl er so richtig gut zur Vergangenheit passte und an sie erinnern wollte. Kopfschüttelnd standen die Naumburger vor dem bunten Portal. Sie stritten über die Farben. Dieser Streit spaltete die Naumburger in zwei Parteien: Da gab es die, denen das erneuerte Rathausportal gefiel, weil sie gegen die Gewohnheit und das Alltägliche waren – was natürlich schwer zu erklären ist. Jedenfalls waren sie für den frohen Anstrich.

Und da gab es diejenigen, die den alten Zustand zurückhaben wollten, an den man gewöhnt war, weil das Grau auch sonst gut zu der Stadt gepasst hätte. Die gemalten Schattenrisse wurden von dem trennenden Streit erfasst. Während auf dem Markt und in der Stadt die Naumburger das Kirschfest vorbereiteten, zeterten und zankten die Silhouetten untereinander, dass der Putz stiebte und das Mauerwerk bröckelte. Simon und Marie waren besonders unzufrieden. Sie hatten das Portal noch nie gesehen. Sie waren die Jüngsten, und so ist ihre Neugierde verständlich.

Es war schon spät am Abend, da flüsterte Marie: „Prokop soll über die Farben entscheiden, er ist gerecht."

„Prokop, ein guter und gerechter Herr! Ha!", rief Simon. „Er sitzt bestimmt um diese Stunde unten im Café und isst Kirschkuchen, bis er vom Konditor erwischt wird. Hast du das noch nie gehört? Er spuckt die Kirschsteine runter aufs Pflaster. Damit erschreckt er die Verliebten und die Nachtschwärmer."

„Was ist ein Nachtschwärmer?", fragten drei der Schattenrisse im Chor. Es waren die drei Schwestern. Sah man sie genauer an, so erkannte man sie als Drillinge. „Ein Schwärmer ist ein Schmetterling", rief Marie.

„Ein Schwärmer ist eine Feuerwerksrakete", stellte ein brummiger Schattenriss fest. „Wie kann man eine Rakete erschrecken!" Marie lachte. „Und du hast Prokop mal gefragt, ob Schmetterlinge Zähne haben! Das ist eine unwissenschaftliche Frage", mischte sich ein schlauer Schattenriss ein. Ein Wort gab das andere. Immer heftiger stritten die Schatten miteinander. Marie riss an Simons Haar. Sie rüttelten und stießen einander, bis sich die Schattenrisse von der Wand zu lösen begannen. Sie stürzten in die Tiefe und breiteten die Arme aus. Ein kleines Wunder war es schon, sie fielen auf Hände und Füße, sie richteten sich auf, sie reckten und streckten sich.

Schatten auf Wanderschaft

Nur gut, dass es schon sehr spät und dunkel war. Was hätten die Naumburger denken sollen? Ein Schatten und nichts stünde zwischen ihm und dem Licht – das wäre ja unheimlich.

Marie rief nach Simon. Der Lehrer von der Schul' suchte die Drillinge. Ein Schattenriss sagte, solche Töne hätte er noch nie gehört.

„Was sollen wir tun, Herr Lehrer", fragten die Schatten. Der Lehrer von der Schul' betastete erst seine Knie und dann die Köpfe seiner Schüler, und fühlte, ob da auch nichts gebrochen wäre oder dergleichen. „Herr Lehrer, Ihr Meniskus kann einen Schaden genommen haben", stellte der Schlaue fest. Der erschrockene Lehrer konnte beobachten, wie mehr und mehr Schattenrisse von der Wand herunterfielen. Sie schüttelten und dehnten, reckten und streckten sich, bis sie tatsächlich zu leibhaftigen schwarzen Hussiten wurden. An den Hauseingängen, Toren und Häusern vorbei, schlichen die dunklen Gesellen. Ihr erster Weg führte sie zum Marktplatz. Der Lehrer ging mit den Schülern in eine Seitengasse. Von dort aus beobachteten sie das Rathausportal. Im Laternenlicht waren die Farben schlecht zu erkennen. Zwei Naumburger Zecher gingen über den Markt. Sie blieben für einen Moment stolz vor dem Portal stehen. Es sah aus, als wollten sie die Arbeit grüßen, die aus Stein und Farbe bestand. Beide bemerkten die zwei Kinder nicht, die Hand in Hand vor dem Portal standen. Der Lehrer beobachtete, wie die fröhliche Buntheit vom Portal Simon und Marie umspielte und übergoss. Plötzlich sah er das Haar Simons rot werden, Maries wurde braun. Simons Hosen färbten sich blau, Marie trug im Nu einen grüngelben Rock. Keiner hätte in ihnen je die Schattenrisse wiedererkannt, die über dem Café in dieser Nacht und am folgenden Tag fehlen sollten. Der Lehrer wollte eben seine Schüler auf die bunten Jüngsten aufmerksam machen, doch er hielt inne. Die pausbäckigen Wangen der Drillinge schimmerten rot. Der schlaueste Schüler trug Kniebundhosen und schwarze Schnallenschuhe. Die Fleißigste trug ein langes, weißes Kleid, an dem sie sofort ein Fleckchen ahnte und daran zu putzen begann. Die hübsche Sängerin trug einen Rock, der in allen Regenbogenfarben leuchtete und mit Musiknoten bedruckt war. Der grimmige Schüler aber, der an allem herummeckerte, der war in ein Landsknechtkostüm gekleidet. Darin sah er wie ein Fähnrich aus Prokops Heerschar aus. Nur der Lehrer blieb im grauen Anzug, wäre da nicht die Brille auf seiner Nase, der er nicht traute. Er hob sie ab. Im Laternenlicht funkelte und schimmerte sie golden. Solch eine Brille hatte er sich schon immer gewünscht, doch er hätte zuviel dazubezahlen müssen. Nun ritt sie sein Nasenbein, wahrscheinlich aus Gold und ganz umsonst. „Obacht", rief er, was bestimmt soviel wie 'Achtung!' heißen sollte. Die Kinder standen in einer Reihe. „Wir fassen uns an", sagte der Lehrer, „und wir schauen uns das Portal gemeinsam an."

„Das Hauptportal", verbesserte der Schlaue. „Po-po-po-tal", trällerte die Sängerin. „Obacht", rief der Lehrer, was diesmal bestimmt soviel wie 'Ruhe!' heißen sollte.

Die große Gefahr

Es gab auch allen Grund zu diesem Ruf. Schwere Schritte näherten sich von der Marienstraße. Ein geharnischter Ritter von Prokops Heerhaufen stand mitten auf dem Naumburger Marktplatz. Er trug ein eisernes Kettenhemd. Der Helm verbarg sein Gesicht. Die Stiefel knallten auf das Pflaster, als der Ritter sich umdrehte und eine Fahne schwenkte. „Prokop, unser Heerführer, wo bist du?", rief er laut in die Nacht. „Prokop, lass uns wissen, wo du bist!", rief er abermals. Er zog ein Schwert aus dem Gürtel und schwenkte es. Mit der Spitze stieß er auf die Steine, dass es klirrte. „Prokop!" Marie und Simon liefen vom Marktplatz. Sie hatten den Ritter Franz von Franitschek erkannt. Dieser gehörte zu den ganz üblen Gesellen Prokops. Unter den Schattenrissen kaum erkennbar, stand und ging er immer in der zweiten Reihe mit. Ein streitsüchtiger Herr, der seit den Tagen der Belagerung der Stadt Naumburg danach trachtete, Prokops Nachfolge anzutreten, was ihm jedoch nie gelungen ist. Er war und blieb der finstere Zweite, der stellvertretende Heerhaufenführer – der ewige Vize, so würden ihn die erwachsenen Leute nennen. Das machte Franz von Franitschek boshaft. Prokop war unauffindbar. Die Schattenrisse waren zu Hussiten geworden, die dem Vize Franitschek jetzt auf den Marktplatz folgten. Mehr und mehr Hussiten quollen aus den Schatten und Strichen der Ecken und Nischen hervor und sprangen auf die Straße hinunter. Simon und Marie verschwanden in der Herrenstraße. Marie wollte in den Eisladen, doch Simon zog sie mit sich. „Du bist wie Prokop, du hast nur die süßen Sachen im Kopf. Jetzt geht sein Heer ohne Führung durch die Stadt. Wir müssen Prokop finden." Bleich und starr stand der Lehrer vor einer Hauswand, die Kinder neben sich. Er wagte es nicht, Simon und Marie aufzuhalten. Auf dem Marktplatz standen jetzt wohl die Schatten zehntausender Hussiten, gekleidet in Leder und in Eisen. Sie hörten einer Rede des Franz von Franitschek zu: „Morgen Abend, nachdem die Sonne untergegangen ist, werden wir vor den Toren Naumburgs stehen und die Stadt erobern. Morgen jährt sich das Kirschfest. Das ist unsere Gelegenheit. Heute Nacht werden wir vor den Toren der Stadt Naumburg all die Hussiten sammeln, die sich in den Burgen und Schlössern um Naumburg versteckt haben. Der Heerführer Prokop, der uns hätte in den Kampf führen sollen, ist zu alt und zu gutmütig. Er isst nur süße Sachen, und er schläft zu viel. Die gerechte Sache der Hussiten interessiert ihn nicht mehr. Die Hussiten sollen vor den Toren der Stadt gestanden haben, und nur ein paar Kinder hätten sie bezwungen? Wählt mich morgen im Blütengrund zum neuen Heerführer. Ich führe euch gegen die Stadt. Wir werden sie stürmen und brennen. Ich verspreche euch fette Beute. Die Bäcker und die Konditoren, die Eisverkäufer und die Mandelbrenner – die werden wir zuerst suchen und plündern. Blast zum Sammeln. Die Kasse des Stadtkämmerers wird von uns mitgenommen. Ha-ha-ha", lachte Franz von Franitschek böse. Er stieß das Schwert in einen dicken Pflasterstein und spaltete ihn. Die Krieger aus dem Böhmerland rasselten mit den Spießen und Schwertern. Ein Funke sprang in das Zündloch eines Eisenrohres. Das Pulver entzündete sich, krachend löste sich ein Schuss. Unzählige Kirschkerne prasselten gegen Fensterscheiben.

„Ruhe da unten", rief jemand aus der obersten Etage des Schlösschens. Der Frau stockte der Atem. Auf dem Marktplatz standen tausende Hussiten im Waffenrock. „Oh je", hauchte sie. Das würde ihr niemand glauben. Da war es besser, sie fiel sofort in Ohnmacht.

Das Gesetz schläft

„Du bist noch schlimmer als Prokop", rief Simon und zog Marie mit sich, die vor der Mohrenbäckerei stehen geblieben war. Widerwillig ließ sich Marie von ihm ziehen. „Komm, wir gehen zum Oberlandesgericht. Ich habe mir sagen lassen wo es ist. Die Richter müssen Recht sprechen. Jemand muss uns doch helfen wollen. Wenn es nur die Farbe vom Portal wäre. Aber, das Heer ist ohne Prokop unterwegs, und das ist schlimm."

„Ich komme mit und helfe dir, Simon", sagte Marie. Sie gingen um den Naumburger Dom herum, der erhaben und mächtig in den Himmel ragte. Ihre Schritte wurden leiser, so, als sollte niemand im Dom noch im Domviertel gestört werden. Es waren nur wenige Schritte bis zum Oberlandesgericht. Das gewaltige Gebäude war vor hundert Jahren erbaut worden. Der Platz war gut gewählt, denn schon vor fast 1000 Jahren wurde auf dieser Anhöhe eine Burg gebaut. Es war die „Nuwenburg", was soviel wie „Neue Burg" bedeutet. Sie gab der Stadt Naumburg später ihren Namen.

Marie klopfte an das Tor des Oberlandesgerichts. Es rückte und rührte sich nichts hinter der Mauer. Erst klopfte sie zaghaft mit der kleinen Faust, doch dann pochte sie gegen das Tor, dass es hallte und schallte. Simon trat mit dem Fuß dagegen, es war zwecklos. Das Gesetz, die Richter oder wer auch immer hinter diesem Tor war, der schlief, während die Gesetzlosigkeit in und um die Stadt ihren Lauf nahm.

„Psst", sagte Marie. In der Ägidienkapelle brannte ein winziges Lämpchen. Die Eingangstür war angelehnt. In der Kapelle saß ein alter Mann auf einer Bank. Simon und Marie näherten sich ihm leise. „Kinder, kleine Schulkinder, in der Nacht auf der Straße." Er war ein wenig erschrocken, als er Simon und Marie vor sich stehen sah. „Wir suchen Prokop. Sein Heer sammelt sich und ist ohne ihn unterwegs. Herr Franz von Franitschek, sein Stellvertreter, will morgen, sobald die Sonne untergegangen ist, gegen die Stadt anrennen. Er will, dass die Geschichtsbücher umgeschrieben werden. So ähnlich hat er es gesagt. Stimmts, Marie?"

„Ja, und die Bäcker und Konditoren will er ausplündern."

„Dann ist ja das Kirschfest in Gefahr. Ich muss sofort zum Bürgermeister", sagte der alte Mann. „Ach", stöhnte er, als er sich von der Bank erhob, „ich kann nachts nicht schlafen. Deshalb sitze ich hier. Rentner haben immer Zeit. Ihr geht ins Bett. Wie heißt ihr? Von welcher Familie seid ihr?", fragte er. Marie und Simon versicherten, dass sie auf dem Wege nach Hause wären und sich sofort schlafen legen würden. Sie waren sehr froh, dass der Rentner sie nicht erkannt hatte. Flugs verließen sie die Ägidienkapelle.

Die Suche nach Prokop

Indessen standen der Lehrer und die Kinder von der Schul' vor dem Haus „Hohe Lilie". Sie beobachteten den hussitischen Heerhaufen unter der Führung des Franz von Franitschek. Der kommandierte die Hussiten einmal im Kreis herum, um zu sehen wie sie parierten. Wären jetzt Gäste der Stadt Tabor auf dem Markt gewesen, sie hätten ihr Wohlgefallen daran gehabt, wie ihre Vorfahren im Gleichschritt über den Markt und um die Wenzelskirche marschierten. Auf dem Topfmarkt stellten sie sich in Reih und Glied und schritten in die Jakobsstraße. In dieser Nacht vor dem Kirschfest wird es Naumburger gegeben haben, die von Albträumen geschüttelt aus den Betten geworfen wurden. Der stampfende Schritt des Hussitenheeres verlor sich erst auf dem Marktplatz, als der große Heerhaufen an dem Hotel „Zu den drei Schwänen" vorbeikam und seine Spitze den Holzmarkt erreichte. Der

Lehrer sah einen letzten kleinen Ritter. Als er ihn genauer anschaute, erkannte er in ihm einen ungezogenen, rüpelhaften Schüler. Er stach mit einem Spieß Löcher in die Plane eines Marketenderwagens. Jetzt wusste der Lehrer nicht mehr, wohin er sich zuerst wenden sollte. Simon und Marie blieben verschwunden, und auf der Jakobsstraße sah er den unfolgsamen Schüler gehen, mit einer gefährlichen Waffe in der Hand. Auf der Vogelwiese ließ Franz von Franitschek zum Sammeln blasen. Dort formte sich das Heer zu einem Gebilde, das einem Lindwurm ähnelte, der tausend Stacheln hat. „Obacht", rief der Lehrer, was bestimmt soviel wie 'Ordnung' heißen sollte. Die Schüler stellten sich in eine Reihe. Den schlauen Schüler nahm der Lehrer neben sich. Das machen die Lehrer oft so, sie umgeben sich gern mit den klügsten Schülern. An ihnen können die Lehrer erkennen und ermessen, ob ihre Worte im Unterricht nicht völlig umsonst gewesen waren. Außerdem kann ein Lehrer nicht alles wissen, deshalb muss der schlaueste Schüler immer neben ihm bleiben und ihm helfen. Mitunter hat auch ein Schüler einen guten Einfall. Der Lehrer von der Schul' war ein ordentlicher Lehrer, deshalb sagte er: „Zuerst müssen wir unsere Schüler finden. Danach suchen wir den Prokop, damit er sein entlaufenes Kriegsheer aus der Stadt führt."

Das ist natürlich richtig, denn für einen guten Lehrer sind die Kinder, und kein Prokop oder gar ein Direktor die wichtigsten Leute.

So kam es, dass der Lehrer mit den Schülern zurück zur Marienstraße ging, um nach den Schattenrissen zu schauen. Vielleicht waren Simon und Marie wieder dort, wo sie hingehörten – als Schatten an der Wand. Doch der Schreck der Schüler und des Lehrers war groß. Die Wand war kahl und bleich. Auch vom dicken Prokop war weit und breit nichts zu hören. „Wir müssen uns beeilen. Wir müssen Marie und Simon finden, bevor es Tag wird!", rief er. Entschlossen ging er mit seinen Schülern zur Wenzelskirche. Sie stiegen auf den Turm hinauf, um mit der Stadttürmerin über die verzwickte Sache zu reden.

Der gewaltige Streiter

Im grauen Morgendunst raunte und brauste es. Das Heer der Hussiten bezog Stellung um Naumburg. Es schloss die Stadt von Süden her ein. Zwei Flügel des Heeres umschlossen Naumburg von Ost und West. Die Naumburger merkten von all dem nichts. Sie lagen in ihren Betten und schliefen fest. Die Hausfrau, die vom Fenster aus die Hussiten beobachtet hatte, erwachte aus ihrer Ohnmacht. Sie schaute noch einmal vorsichtig hinaus. Sie sah nichts und niemanden. Erst dachte sie daran, die Polizei anzurufen, doch sie wollte sich nicht lächerlich machen. Hätte sie es doch nur getan, denn die Hussiten schlossen ihren Belagerungsring um die Stadt Naumburg. So kam es, dass die Hussiten zu Tausenden in der Schönburg, in der Neuenburg, der Eckartsburg, der Rudelsburg und der Saaleckburg kampierten. In den Innenhöfen zündeten sie Lagerfeuer an.

Ein Auto, das von Apolda kam und nach Weißenfels fahren wollte, rollte in einen Straßengraben, als der Fahrer vor dem ehemaligen Kloster Pforte die spitzen Spieße und blanken Schwerter in den Fäusten der Hussiten glänzen sah. Der Autofahrer sprang aus seinem Wagen und lief wie ein Hase durch die Stadt. Marie und Simon sahen diesen Mann. Er rang die Hände und

schnappte nach Atem. „Versteckt euch", rief er, und da er die Hussiten nicht kannte, sagte er: „Monster stehen vor den Toren der Stadt."
Ratlos eilten Simon und Marie in den Naumburger Dom. „Wer soll uns dort helfen?", fragte Marie.
„Ekkehard! Er ist ein gewaltiger Streiter. Wir fragen ihn. Vielleicht kann er uns helfen oder uns sagen, wo Prokop ist. Ekkehard ist der Gründer und der Beschützer der Stadt." Marie seufzte traurig. Vorsichtig gingen sie um den Dom herum. Sie rüttelten an einer riesigen Tür aus Eisenblech. Knarrend gab das Schloss nach. Plötzlich standen sie im Westchor. Im Dämmerlicht einiger Wachskerzen schienen die Stifterfiguren zu schweben. Staunend schauten sie auf die Kinder, die Hand in Hand vor dem gekreuzigten Christus standen.
Uta von Ballenstedt schlug den Kragen ihres Gewandes hoch, so dass die steinernen Falten ihr Gesicht verbargen. War es der Schmerz oder das Entzücken über das Bild, das Simon und Marie boten? Simon schaute mutig zu den Stifterfiguren, Marie begann zu weinen.
„Ich will wissen, wo Prokop zu finden ist", forderte Simon die Stifterfiguren zum Sprechen auf.
„Bist du der Simon von den Schattenrissen?", fragte Ekkehard. Seine Stimme war tief. Sie dröhnte und schallte im Dom, es war zum Erschrecken. Marie sprang zu Reglindis empor. Dort stand sie neben der freundlichen Frau und wartete auf Simons Antwort. Reglindis streichelte Maries Haar.
„Ja, ich bin der Simon von den Schattenrissen."
„Dann bist du der, der mit den Händen einen Löwen bezwungen hat?", fragte Ekkehard.
„Nein, der bin ich nicht. Das war Samson", sprach Simon mit leiser Stimme. „Jedenfalls bist du ein tapferer Knabe. Hier, nimm mein Schwert." Ekkehard beugte sich vor. Er reichte das gewaltige Schwert nach unten. Als er es aus den Händen gab, wäre Simon beinahe umgefallen. „Was soll ich mit dem Schwert?", fragte er. „In den Streit ziehen", donnerte die Stimme Ekkehards. Marie kletterte von dem Sockel herunter, auf dem Reglindis stand.

„Nimm es,", flüsterte sie. Gemeinsam verließen sie den Westchor. Es wurde langsam hell, als sie auf dem Lindenring um die Innenstadt liefen. Marie rief immer wieder: „Prokop, hilf den Naumburgern und hilf uns!" Doch der starke Heerführer meldete sich nicht. Simon schleppte das Schwert. Marie schaute in den Ecken und Nischen nach Prokop. „Alle wissen, Prokop schläft gern und isst viel, warum sollte er nicht hinter einer Tür oder in einer Tonne liegen", stellte sie fest.
„Weil er kein Philosoph ist", sagte Simon streng. Mit dieser Antwort war Marie nicht zufrieden. „Wir müssen ihn finden, ob er so ein Philo-Dingsbums ist oder nicht. Prokop, melde dich!", rief sie mit heller Stimme. Sie klang bis zur Wenzelskirche hoch. Dort stand der Lehrer mit den verbliebenen Schülern und der Türmerin, die sie hochgeführt hatte.

Die kleine Sängerin

Der Lehrer und die Schüler reckten ihre Hälse. In der Tat sahen sie zwei kleine Gestalten, die vom Domplatz zum Salztor gingen. Eine von ihnen lief gebückt, als trage sie einen schweren Gegenstand. „Naumburg ist schön", trällerte die Sängerin, „Naumburg ist wu-wu-wunderschön. Die Stadt ist wunderschön. Es kommt nur darauf an, welche Augen was sehen. Und jetzt singe ich euch das Lied von der Saale vor!"
„Schau nach Marie und Simon. Wo gehen sie hin?" Sie stellte sich hinter ein Fenster des Stadtturmes. Ihr regenbogenfarbener Rock mit den bunten Musiknoten wippte, als sie die Hände in die Hüfte stützte. Sie begann zu singen. Etwas anderes kann man gar nicht tun, sobald man zum Sonnenaufgang auf dem Turm der Stadtkirche Sankt Wenzel zu Naumburg steht und das schöne Land vor sich sieht.
Die Türmerin klatschte in die Hände. „Du hast eine wunderbare Stimme", rief sie begeistert. Nach dem letzten Vers wurde die Gestalt der kleinen Sängerin von den Strahlen der aufgehenden Sonne erfasst. Bestürzt sahen der Lehrer und die Schüler, wie die Schatten von dem Licht aufgenommen wurde. Als sie an sich selbst heruntersahen, erloschen auch an ihnen alle Konturen und Formen. Der neue Tag war da, die Schatten verschwanden!
„Wir müssen sofort ins Dunkle", jammerte der Lehrer, „bevor wir uns nicht mehr wiederfinden."
„Ein Schatten im Sonnenlicht und niemand steht davor, das hat es noch nie gegeben, Herr Lehrer", sagte der schlaue Schüler, bevor auch seine Umrisse von dem Sonnenlicht geschluckt wurden.
„Wir sehen uns wieder", sagte die Türmerin, die eben Gefallen an den munteren Schattenrissen gefunden hatte. Es antworteten ihr noch einmal die Drillinge: „Erst waren wir drei – jetzt sind wir ein Nichts", stellten sie verwundert fest.

Der schlechte Verlierer

Bevor der erste Sonnenschein zwischen den Häusern und Türmen auf die Straßen fiel, öffneten Simon und Marie die Tür zum Puppentheater. Sie huschten in das dunkle Haus. Dumpf schlug die Tür hinter ihnen zu. Aus den hinteren Räumen des Theaters drangen Stimmen. Ein Streit war im Gange. Auf Bänken vor einem Tisch saßen Prokop und der Konditor vom Café. Prokop hob mit seiner mächtigen Faust einen Becher aus Leder. Darin klapperten Würfel.
Prokop schüttelte und schwenkte den Lederbecher, als hinge sein Leben

daran. Danach knallte er den Becher auf den Tisch. „Ein mieses Ergebnis, fast nur Einsen", rief der Konditor. „Ich werde gewinnen. Jetzt kommt mein entscheidender Wurf."
Er rüttelte, klopfte und schüttelte den Becher, hielt ihn ans Ohr und sagte: „Bitte schön!" Tatsächlich, auf dem Tisch rollten und hüpften die Würfel aus und kamen so zum Liegen, dass obenauf nur die Sechsen abzulesen waren. „Nun habe ich endgültig verloren", seufzte der große Heerführer der Hussiten. „So ist es, Meister Prokop. Jetzt werde ich den Gewinn verzehren", lachte der Konditor. Mit dem Heber setzte er ein Stück Torte auf einen Teller und nahm eine extragroße Kuchengabel. Er aß das feine Stück Torte auf. Gierig hing Prokops Blick an der Hand, die vom Mund zum Teller und vom Teller zum Mund wanderte. „Oh", stöhnte der Konditor, „ich kann nicht mehr. Jetzt habe ich das siebente Stück gegessen. Herr Prokop, Sie sind ein schlechter Verlierer, Sie haben heimlich von der Torte eine kleine Ecke genascht." Eben wollte sich der bedeutendste Heerführer aller Hussiten fürchterlich aufregen und seine Unschuld beteuern, da stand Marie zwischen den beiden Spielern und nahm geschwind zwei Stück Torte. „Simon und ich, wir haben Hunger", sagte sie. Staunend schauten die Spieler das kleine Mädchen an. Es legte ein Stück auf Simons Hand. Das Schwert des Ekkehard fiel zu Boden. Der Konditor wurde bleich und sprang vor Schreck auf den Tisch. Eine solche Waffe in Kinderhand, das war eine Ungeheuerlichkeit, das hatte er in seinem Leben noch nicht gesehen. Der Heerführer Prokop war ebenso entsetzt. Er griff zum Schwert des Ekkehard und legte es so weit weg, dass er es nur selbst erreichen konnte. Er erkannte Simon und Marie, verwundert schüttelte er den dicken Kopf. „Wie kommt ihr denn hierher?" – „Wir suchen Sie, Herr Prokop. Erst wegen der Portalfarben am Rathaus und jetzt wegen des Heeres. Die Farben gefielen uns, und dann war das Heer verschwunden." – „Moment", sagte Prokop, „redet langsam und der Reihe nach. Welche Farben gefallen dem Heer nicht, und wo ist das Heer in den Farben verschwunden." – „Ach du liebe Güte, jetzt bringt er alles durcheinander", rief Marie. Sie nahm sich ein weiteres Stück Torte, während Simon genau erzählte, warum sie von der Wand über dem Café herunter gesprungen waren und weshalb das Hussitenheer vor den Toren der Stadt Naumburg stehen würde. „Schwer in Waffen und mit einem neuen Anführer." „Mein Heer", schrie Prokop, „wer ist so frech und erdreistet sich, mein Heer anzuführen! Geköpft, geviertelt und verbrannt wird der Schelm! Mein Heer, es ist doch mein Heer", rief er und setzte sich. Gramgebeugt schaute er auf den Tortenrest. Eine Kirsche auf einem Sahnekringel schien seinen Blick nicht beleben zu können. „Man hat mir mein Heer gestohlen." „Wer?", fragte er. Jetzt lauerte in seinen Augen der Zorn.
„Franz von Franitschek wars", sagte Marie. „Franitschek, diese Kanaille!" Das Theater bebte in seinen Mauern. Die Puppen schauten neugierig zu dem gewaltigen Heerführer der Hussiten, der Ekkehards Schwert in den Händen hielt und damit durch die Luft hieb. Einen Faden trennte

Prokop in Augenhöhe. Der Vorhang fiel. Die Puppen glaubten, dies sei die Aufforderung zum Spiel. Sie stellten sich hinter dem Vorhang auf. Eine Stimme schnarrte: „Liebe Kinder, heute spielen wir für euch das Stück 'Die Schöne und das Biest'."
„Ich will keine Schöne, und ich bin nicht das Biest", brüllte Prokop. „Ich bin ein böhmischer Hussitenheerführer!"

Die seltsamen Vorkommnisse

Die Sonne schaute durch die Fenster. Allen Schatten nahm sie die Umrisse. An jeder Stelle, an der sich ein Schatten befunden hatte, leuchtete ihr Schein. Sie sah den aufgeregten Prokop und die spielenden Puppen, sie streichelte Simon und Marie, und sie schickte den Konditor nach Hause, damit er Brot und Kuchen für die Leute backen solle. Die Schatten erstarrten in Nischen und Ecken, die Puppen gingen noch einmal ins Bett, und der Konditor weckte zu Hause seine Frau. Sie gingen ins Geschäft, um den Teig für den Kuchen vorzubereiten. Die Frau des Konditors erschrak, als sie vor dem Haus stand. Sie berichtete ihrem Mann, dass die Schatten von der Wand verschwunden wären. Darüber wunderte sie sich sehr. Der Konditor schwieg, denn sollte er sagen, dass er nachts mit Prokop um die Torten würfelte? Nein, das wollte er seiner Frau nicht sagen. Da war es besser, er wunderte sich auch. Allemal, in der Nacht musste sehr viel Merkwürdiges für die Naumburger geschehen sein. Aus einem Schornstein des Rathauses stieg seit den frühen Morgenstunden ein Rauchwölkchen. Daran kann man in Naumburg erkennen, dass die Amtsleute nachdachten. Nicht alle Tage stieg ein Rauchwölkchen über dem Rathaus in die höheren Lüfte.

Der Rentner, den Simon und Marie des Nachts in der Ägidienkapelle gesehen hatten, erzählte nun schon das dritte Mal, dass am Abend die Stadt belagert und angegriffen werde. Im Naumburger Dom fehlte dem Ekkehard das Schwert. Die Polizei durchsuchte die Häuser und die Straßen, doch es war nirgends aufzufinden. Niemand dachte daran, es in der Konditorei zu suchen. Auf dem Holzmarkt wurde ein Hussitenhelm gefunden. Er war arg zerbeult und verzogen, hatten doch die Kinder mit ihm Fußball gespielt. Die Politesse fand einen Spieß. Er stak in der Erde. Behutsam zog sie die gefährliche Waffe aus dem Boden. Als sie damit zum Rathaus ging, traten die Autofahrer noch heftiger aufs Gaspedal. Wahrscheinlich dachten sie, die Politesse dürfte nun bei Falschparkern die Reifen zerstechen. All diese schlimmen Nachrichten erreichten das Rathaus. Auf Grund der denkbaren und merkwürdigen Vorkommnisse, insbesondere des Vorkommnisses, dass auf allen Burgen und Schlössern rings um Naumburg glimmende oder schwelende Lagerfeuerreste gefunden wurden, ist das Hussiten-Kirschfest abgesagt und um einen Tag verlegt worden.

Der listige Schüler

Als es Abend wurde, stand der Lehrer mit seinen Schülern vor der Konditorei. Sie hörten im Haus die Stimme Prokops rufen: „Ich will mein böhmisches Hussitenheer wiederhaben – ich will es haben – ich will!" Die Kinder und der Lehrer erstarrten vor Schreck, als sie den Prokop wüten sahen. Er stampfte auf den Boden und schrie nochmals: „Ich will mein Heer haben!"
„Obacht, so sind die Mächtigen, sie können nichts ab- oder zurückgeben", sagte der Lehrer. „Obacht", das sollte diesmal so viel wie 'denkt

mal nach' heißen, denn die Kinder von der Schul' schauten und staunten den schreienden Heerführer an, der sich nicht beruhigen wollte. Ja, er hieb sogar mit der Faust auf den Tisch, dass die Ecke abbrach.

„So schwinden Macht und Möbel dahin", sagte der schlaue Schüler. „Man muss Prokop helfen, damit in Naumburg wieder Ordnung herrscht." Die Drillinge entdeckten Simon und Marie. Sie lagen auf Stoffen in einer Puppentruhe und schliefen fest. Im Chor riefen sie: „Die Ausreißer sind wieder da." „Didel-dudel-da!", trällerte die Sängerin. Sie sprang auf den Tisch. Von ihrem Kleid sprühten die Farben: „Dadel-dudel-di!" Die Kinder umarmten und küssten sich, so groß war die Freude über das Wiedersehen.

„Obacht", rief der Lehrer. Alle setzten sich um den dicken Prokop. „Wir müssen Franz von Franitschek das Hussitenheer ablisten, ehe ein Unglück geschieht. Ich habe eine Idee", sagte der schlaue Schüler. Er, der Lehrer und Prokop, sie steckten die Köpfe zusammen und flüsterten so leise, dass sie von niemandem gehört werden konnten. Später erhoben sie sich, um den Hussiten entgegenzugehen. Am Bahnhof verließ die kleine Gruppe, der sich der Konditor angeschlossen hatte, die Stadt, um auf Franz von Franitschek zu treffen.

Das steinerne Album

Zur gleichen Stunde zog der selbst ernannte Heerführer Franitschek von der Rudelsburg zum Blütengrund. Dort standen bald Prokop, die Schüler und der Lehrer dem abtrünnigen Hussitenheer unter der Führung des Franz von Franitschek gegenüber.

Zwischen ihnen befand sich *Das steinerne Album*. Franitschek stand im eisernen Harnisch gerüstet, in einer ehernen Hand das Banner der Hussiten, in der anderen ein blinkendes Schwert. Prokop trug eine weiße Bäckerschürze um den dicken Bauch. Die hatte er einst dem Konditor abgewonnen und gern getragen; es ist ja allen bekannt, dass er beim Kirschtortenessen kleckert. „Warum hast du mir das Heer gestohlen, Franitschek?", rief Prokop mit gewaltiger Stimme. „Ihr habt die Geschichte der Hussiten wegen der Naumburger Kinder verraten, Herr Prokop." Aus dem Heer der Hussiten waren beifällige Stimmen zu hören.

Ein Unterführer sagte: „Über 550 Jahre wurde falsch über uns berichtet. Wir hätten Naumburg nehmen, brennen und plündern müssen. So war es Brauch. Ihr habt, großer Prokop, uns keine Beute machen lassen."

„So?", zweifelte Prokop „Wir werden es überprüfen. Wir werden im *steinernen Album* darüber nachlesen."

„Öffne die Seiten", forderte der Lehrer seinen besten Schüler auf. Der trat an *Das steinerne Album* heran. Vergeblich versuchte er die Seiten zu blättern. *Das steinerne Album* war zu schwer. Der

Lehrer griff mit zu, doch es gelang beiden nicht die Seiten zu blättern. „Dann werde ich den Beweis erbringen", rief Franz von Franitschek. Er ließ Schwert und Banner fallen. Er rüttelte an dem Stein, doch er vermochte nicht, die Geschichte zu öffnen, die sich vor über 550 Jahren zugetragen haben sollte. Als Prokop an das Album herantrat, zitterte der Boden unter ihm. Er nahm mit seinen riesigen Händen die steinernen Buchseiten und schlug sie auf. Auf einer Doppelseite sahen die Schüler, der Lehrer und das Heer der Hussiten ein großes Feldlager. Hussiten und Naumburger standen und saßen im Blütengrund friedlich nebeneinander. Sie tranken Wein und aßen Kuchen, sie tanzten und feierten, und überall gingen Kinder umher, in beiden Händen Kirschen tragend. Die Spieße und Schwerter lagen kreuz und quer im Gras. Keiner beachtete sie oder wollte sie haben. „Dort steht es geschrieben. Unsere Beute war der Friede", rief Prokop und rollte mit den Augen. „Ein Sieg über den Krieg", sagte der schlaue Schüler, „der Friede war der Gewinn, er musste gefeiert werden."

Das Hussitenheer wurde uneins. Die Krieger stritten und beschuldigten einander, Prokop untreu geworden zu sein. Man rief nach Franz von Franitschek, doch von dem waren nur noch die eisernen Hacken zu sehen. Er stak im *steinernen Album.*

Als der gewaltige Heerführer Prokop die Seite öffnete, fiel der Schatten des Verräters ins Gras. „Du bösartiger Schelm", rief Prokop voller Zorn. Er hob den flachen Franz von Franitschek am Helm an und schwenkte ihn durch die Lüfte. Der Konditor holte mit einem Backofenblech Schwung. Es klang wie eine dröhnende Ohrfeige, als er damit auf den Harnisch des Franz von Franitschek haute. Der unselige Ritter sauste über den Blütengrund in die Höhe, kam über Naumburg am Café Prokop herunter und blieb dort an der Wand haften. Von ihm kann man, sofern man sehr genau hinschaut, noch heute die Hacken sehen, als ob er auf der Flucht wäre. Zwischen Hussitenbeinen kam der unfolgsame Schüler hervorgekrochen. Der Helm fehlte ihm, sein Haar war zerzaust, und er war schmutzig.

„T'schuldigung", sagte er zum Lehrer. „Obacht", rief der Lehrer erfreut, „der Rüpel hat etwas gelernt. Jetzt muss er nur noch 'Bitte' und 'Danke', 'Guten Tag' und 'Auf Wiedersehen' sagen lernen, dann kann er in die dritte Klasse versetzt werden."

Freiheit und Viktoria

Naumburg wurde nicht von den Hussiten überfallen. Sie schmausten und prassten auf den Wiesen des Blütengrundes und feierten ihren Heerführer und die Kinder. Im Morgengrauen setzte Prokop sein Heer in Bewegung. Er befahl: „Aufgestanden, Hussiten! Waschen, Hussiten! Rechts um kehrt, Hussiten!" Wie ein stachelbewehrter Lindwurm zog sich das Heer zurück. Es verschwand zwischen den Burgen und Schlössern und aus der Stadt Naumburg. In der Marienstraße gingen einige Hussiten im Eilschritt auf die Wand über dem Café Prokop zu. Sie sprangen hoch und verschwanden im Bild und wurden so zu Schatten. Prokop, der Lehrer von der Schul' und die Kinder spazierten neben der Wenzelsmauer zur Vogelwiese.

Dort befand sich eine Tanzfläche. Die Sängerin drehte sich darauf im Kreis. „Freiheit und Viktoria", sang sie. Prokop drehte ein Karussell. Auf den Pferden und Rädern saßen die Kinder von der Schul'. Danach begaben sie sich zur Marienstraße. Die Sonne stieg eben über den Horizont, als Prokop Simon und Marie, die Drillinge, den grimmig blickenden, unfolgsamen Schüler, den Schlauen und die Sängerin, die Fleißige und zuletzt den Lehrer auf die Schulter nahm und allen half, die Wand zu erklimmen und wieder zu ordentlichen Schatten zu werden.

Geschmack ist Geschmack

Zum Kirschfest reichte der Konditor die Morgentorte aus dem Fenster. Prokop nahm einen großen Löffel aus seinem Stiefelschaft, leckte ihn ab und schob ihn in die Torte. „Geschmack ist Geschmack", sagte er. „Ich habe von eurem Streit über die Farben des Rathausportals gehört. Die Künstler werdens wissen. Sie habens doch ständig mit der Kunst. Ein Heerführer sollte sich von keinem Konditor das Schwert nehmen lassen, ein Konditor lässt sich von keinem Puppenspieler die Buttercremkringel auf die Torten klecksen, und ein Puppenspieler lässt nicht nach den Vorschriften eines Amtmannes die Puppen tanzen."
„So ist's nun mal im Leben", sagte Prokop. „Obacht", rief der Lehrer, was bestimmt soviel wie „richtig" heißen sollte. „Herr Prokop, Sie sind ein kluger Mann", sagte der Lehrer. Seine runden Augen schauten die Schüler freundlich an. „Herr Prokop ist ein Naumburger", plärrten die Drillinge im Chor.
„Ein Hussit bleibt ein Hussit", stellte Prokop laut und deutlich fest. „Das Kirschfest ist gerettet. Nun ist's gut. Ihr lobt mich so, da werden mir die Augen feucht. Konditor!", schrie der dicke Heerführer. „Wo ist der Konditor? Er soll noch eine Torte bringen. Ich werde das nächste Spiel gewinnen." Der Konditor öffnete das Fenster und schob eine Torte auf die Fensterbank. „Seien Sie bitte leise, Herr Prokop, die Naumburger Bürger schlafen noch. Die Aufregungen gestern, na, Sie wissen schon. Heute bekommen Sie zwei Torten umsonst. Aber gegen ein kleines Kartenspiel hätte ich gelegentlich nichts einzuwenden."
Die Sonne ging über Naumburg auf. Vom Turm der Wenzelskirche sang eine Stimme das Kirschfestlied.

IMPRESSUM
1. Auflage der überarbeiteten Fassung
© Projekte-Verlag 188, Halle 2005 • www.projekte-verlag.de
Illustrationen: Klaus Sängerlaub
Satz und Druck: Buchfabrik JUCO GmbH • www.jucogmbh.de
ISBN 3-938227-40-0   Preis: 5,00 €

Die Hussiten zogen vor Naumburg

Die Hussiten zogen vor Naumburg
Über Jena her und Camburg.
Auf der ganzen Vogelwies'
Sah man nichts als Schwert und Spieß
An die Hunderttausend.

Als sie nun vor Naumburg lagen
Kam darein ein großes Klagen.
Hunger quälte, Durst tat weh,
Und ein einzig Lot Kaffee
Kam auf sechzehn Pfenn'ge.

Als die Not nun stieg zum Gipfel,
Fasst' die Hoffnung man beim Zipfel,
Und ein Lehrer von der Schul'
Sann auf Rettung und verful
Endlich auf die Kinder.

„Kinder", sprach er, „ihr seid Kinder,
Unschuldsvoll und keine Sünder!
Ich führ' zum Prokop euch hin,
Der wird nicht so grausam sin'
Euch zu massakrieren."

Dem Prokopen tät' es scheinen,
Kirschen kaufte er den Kleinen,
Zog darauf sein langes Schwert,
Kommandierte: „Rechts um kehrt!
Hinterwärts von Naumburg."

Und zu Ehren des Mirakel
Ist alljährlich ein Spektakel:
Kennt ihr nicht das Kirschenfest,
Wo man's Geld in Zelten lässt?
Freiheit und Viktoria!

Karl Friedrich Seyfehrth 1832